Smalltalk für Anfänger

Kommunikationstraining für ein stärkeres Selbstbewusstsein

Inhaltsverzeichnis

Kapitel 1
Warum du Smalltalk beherrschen solltest

Wer kennt nicht Situationen aus seinem eigenen Leben, wo man vor Verlegenheit, oder einfach nur aus Ratlosigkeit, einem spontan entstandenen Kommunikationsverlauf ausweichen musste – obwohl man im Grunde mit der jeweiligen Person gerne weitergeplaudert hätte. Oder noch schlimmer! Aus im Grunde unbegründeten Ängsten hat man sich nicht mal getraut mit einem sympathischen Menschen eine Konversation zu beginnen, obwohl der sein Interesse deutlich signalisiert hatte. Wie sehr hat man sich dann hinterher über die eigene verbale Unfähigkeit geärgert und sich gewünscht, das nächste Mal für solche Smalltalk-Situationen besser gewappnet zu sein.

In der Regel sind es die eigenen Hemmungen, die einem ungestörten und angenehm verlaufenden Alltagsgespräch im Wege stehen – auf den Punkt gebracht: Man steht sich selbst im Weg. Dabei ist die Beherrschung dieser Konversationskunst von großer Relevanz. Ein unverbindliches Gespräch ermöglicht und erleichtert nämlich den Zugang zu privaten oder auch beruflichen Kontakten. Aber auch wenn es nur darum geht in einer privaten Gruppe die Zeit möglichst angenehm zu vertreiben, dient Smalltalk als Brückenbauer zu anderen Menschen und damit zu Beziehungen. Gerade im geschäftlichen Leben kann Smalltalk ein optimales Intro ermöglichen, für Sympathie und Vertrauen sorgen, was dann für den weiteren Verlauf im fachbezogenen Gespräch von Vorteil sein kann.

Um ein erfolgreiches Smalltalk betreiben zu können, sollte es an einer offenen Haltung nicht mangeln, wie auch an einem ehrlichen Interesse des Gegenübers. Besonders schwierig kann daher die Plaudern-Praxis für introvertierte, schüchterne Menschen sein. Jedoch soll der liebe Leser, der sich selbst zu dieser Gruppe zählt, nicht verzagen, denn es gibt durchaus sehr wertvolle Tipps und Techniken, wie man sich im Bereich des „kleinen Schwätzchens" üben und mit der Zeit auch ohne Hemmungen sicher fühlen kann.

Um das Smalltalk erfolgreich anwenden zu können, schadet es nicht im Vorfeld eine Strategie auszudenken, die mit Sicherheit und in jeder Situation (ob privat oder beruflich) zum Erfolg führt. Dieser Ratgeber gibt in den folgenden Kapiteln eine kleine Einstiegshilfe für alle, die in die Kunst des „angenehmen Plauderns" eingeführt werden möchten.

Kapitel 2
Was ist Smalltalk eigentlich?

Aber was genau versteht man unter dem Begriff „Smalltalk"?

Mit Smalltalk bezeichnet man eine Art unverbindliches Gespräch, oder auch Plauderei, Schwätzchen (nach der englischen Übersetzung small „klein" oder „unbedeutend"; to talk „sich unterhalten"), dessen Entstehung auf Spontaneität zurückgeht und von einem umgangssprachlichen, belanglosen Ton gekennzeichnet ist. Die Themenbereiche des Plauderns bleiben in der Regel im privaten Bereich; also Themen des alltäglichen Lebens. Ein weiteres Kennzeichen ist die Natürlichkeit der Entstehungssituation, wie auch die Unverbindlichkeit.

Jedoch kann Smalltalk ebenso als ein bewusst eingesetztes Element für die gekonnte Einführung in eine seriösere (berufliche oder geschäftliche) Unterredung als Grundlage dienen. Also trägt solche „Plauderei" zur Lockerung der Atmosphäre zum Beispiel unter Geschäftspartnern, aber eben auch gerade in Alltagssituationen bei. Wichtig ist hierbei, dass man sich vollkommen auf sein Gegenüber einlässt und offen für die Themen ist, die den Gesprächspartner interessieren. Egoismus hat hier keinen Platz. Smalltalk ist wie „dienen", man lässt sich auf die Person des Anderen ein. Also wer ein guter Gesprächsführer sein möchte, muss gleichzeitig auch ein hingebungsvoller Zuhörer sein.

In welchen Situationen auf der beruflichen Ebene ist Smalltalk hilfreich?

Ein einführendes Gespräch ist gerade im Bereich des Berufslebens ein Muss. In den folgenden Situationen ist ein belangloses, unverfängliches Plaudern vorteilhaft.

- Vor Geschäftsverhandlungen.
- Beim Berufseinstieg; also am ersten Tag der Arbeit - wobei ein kleines Smalltalk meiner Ansicht nach jeden Tag „ausgeübt" werden dürfte, um

immer wieder für positives und entspanntes Arbeitsklima zu sorgen.

- Smalltalk eignet sich auch hervorragend als mediales Vermittlungsmittel, gerade bei der Lösung von Konfliktsituationen.

- Generell bei jedem Anlass, wo Menschen berufsbedingt aufeinandertreffen.

Wichtige Grundregeln bei Smalltalk: Freiwilligkeit, Unbefangenheit, Lockerheit und natürlich das hierfür notwendige Selbstbewusstsein.

Kapitel 3
Keine Angst vor dem Smalltalk

Wie schon erwähnt, ist die erstrangige Grundlage für einen erfolgreichen Smalltalk-Verlauf eine offene, an den Mitmenschen interessierende Grundhaltung. Gerade die Überwindung bis zum erstem Schritt, also der direkten Anrede des potenziellen Gesprächspartners, ist aber für schüchterne Menschen auch am Schwierigsten. Hierbei ist es wichtig zu schauen, was der Grund dieser Schüchternheit ist. Woher kommt diese soziale Angst? Hatte man mal schlechte Erfahrungen mit solchen spontanen Gesprächen gehabt? Hält man sich selbst für zu uninteressant und unbedeutend, um aktiv auf seine Mitmenschen einzugehen? Durch eine ehrliche Selbstreflexion sollte einem klarwerden, dass die Ängste vor solchen Situationen jedoch unbegründet sind.

In der Regel handelt es sich um eigens fabrizierte Ängste vor dem Versagen in der Kommunikation und der Folge davon, nach dem Motto: „Oje, was müssen sie jetzt von mir denken? Wie blöd habe ich mich doch verhalten!" und Ähnliches. Jedoch sind solche Sorgen absolut irreal. Denn in einer Kommunikationssituation, wo Smalltalk gefragt ist (ob beruflich oder privat) sind die Beteiligten in der Regel alle daran interessiert, sich an einem angenehmen Gespräch zu beteiligen. Über jemanden, der den Anfang wagt, freuen sich und profitieren auch alle anderen.

Vergessen wir jedoch nicht: Kommunikation ist situationsbedingt und findet immer auf zwei Ebenen statt; ob bewusst oder unbewusst, verbal (Sprache) und nonverbal (Metakommunikation wie Gestik und Mimik). Das subjektive Befinden des Menschen ist immer ausschlaggebend, ob er gegenüber einem Gespräch offen oder eher ablehnend ist. Das darf man aber nicht so deuten, dass sich die Ablehnung konkret auf den Gesprächspartner bezieht. Es ist sehr gut möglich, dass sich die betreffende Person, mit der man gerne reden möchte, gerade unpässlich fühlt (vielleicht hat sie gesundheitliche Beschwerden, emotionale Probleme oder einfach nur mit dem linken Fuß aufgestanden). Daher bitte eine ablehnende Haltung nie persönlich nehmen!

Wie sollte man nun am besten vorgehen, um ein erfolgreiches Smalltalk zu starten?

Am Leichtesten ist es, wenn man für den Einstieg, also zur Übung, im privaten Milieu die ersten Versuche startet. Als erstes ist es wichtig nach einem geeigneten Gesprächspartner Ausschau zu halten. Wer käme für mich also am besten in Frage, um mich in einer unverbindlichen und angenehmen Konversation zu üben? Um hier die richtige Wahl finden zu können, sind die Mimik und Gestik der mich umgebenden Menschen sehr wichtig. Gerade wenn jemand ebenso alleine herumsteht, könnte er ein hervorragendes „Opfer" für eine Unterhaltung sein. An den Ausdrucksweisen der Person erkennt man ja, ob diese gegenüber einem Geplauder offen wäre oder eher nicht. Eine ablehnende Körperhaltung und ein verschlossenes Gesicht signalisieren eindeutig, dass das Gegenüber kein Interesse an einem Gespräch hat.

Aber auch vor Gruppensituationen sollte man sich nicht scheuen! Hier ist wieder die Beobachtungsgabe gefragt: Wenn nämlich die

Teilnehmer einer Gesprächsrunde mit dem Rücken zu einem stehen, signalisieren sie, dass sie nicht gestört werden möchten. Jedoch gibt es sicherlich Gruppen, die offen aufgestellt sind, so dass einer Annäherung nichts im Wege steht. Gerade in einer geselligen Gruppe, zum Beispiel auf einer Party, während eines Betriebsfestes oder ähnlicher Festlichkeiten, kann man sicherlich auch Menschen mit einem freundlichen Gesichtsausdruck und offener Haltung erkennen, die auch den Blickkontakt nicht scheuen und offen für ein Kennenlernen sind. Und nicht vergessen: Ein ehrliches, gewinnendes Lächeln ist der erste Türöffner. Wenn man sich nun einen Gesprächspartner ausgesucht hatte, ist es ganz wichtig ein Thema zu finden, das ihn interessiert. Ist man dann endlich soweit gekommen, kann einem angenehmen Smalltalk nichts mehr im Wege stehen.

Kapitel 4
Fehler beim Smalltalk

Wie im vorigen Kapitel bereits erwähnt, ermittelt man den passenden Gesprächspartner durch die aufmerksame Beobachtung seiner Körpersprache. Wenn also jemand offensichtlich Ablehnung signalisiert und den ausgesendeten Blickkontakt nicht annimmt, sollte man keine weiteren Annäherungsversuche in die Richtung einer Konversation unternehmen. Wenn hingegen jemand unser Lächeln entgegennimmt und sowieso auf Anhieb sympathisch erscheint, sollte einer erfolgreichen Annäherung nichts im Wege stehen. Aber Vorsicht! Ebenso wichtig ist die eigene Körperhaltung also die Gestik und Mimik. Das freundliche Lächeln, ein gerader Rücken, offene Arme (bloß nicht vor der Brust verschränken!), das sich Hinwenden zu unserem Konversationspartner, sind in der Situation Selbstverständlichkeiten. Der ganze Körper sollte in seiner Haltung das Interesse gegenüber dem Kommunikationspartner ausstrahlen.

Wer schon über eine gewisse Routine bzgl. Smalltalk verfügt, kann jedoch auch bei weniger einladenden Signalen einen Versuch ins Gespräch riskieren. Manche Menschen senken ihren Blick aufgrund ihrer eigenen Unsicherheit und Schüchternheit und nicht wegen genereller Ablehnung eines gemütlichen Schwätzchens. Die meisten freuen sich sogar darüber, dass nicht sie den ersten Schritt unternehmen müssen und nehmen dankbar die Annäherung eines potenziellen Gesprächspartners an. Welche Anlässe sich im Freizeitbereich dafür anbieten und mit welchen Themen man einen guten Einstieg starten kann, wird im späteren Kapitel noch genau beschrieben.

Wichtig bei der Anrede und während der ganzen Gesprächssituation ist: Bloß nicht verkrampfen! Eine gewisse Leichtigkeit zu vermitteln ist wünschenswert dabei und das Ganze nicht allzu ernst nehmen – schließlich muss man hier nicht eine Examensprüfung meistern, sondern eine angenehme Zeit verbringen: Also, was hat man schon zu verlieren? Nichts! – aber dafür eine angenehme Erfahrung dazu gewinnen.

Nun ist es wichtig das richtige gemeinsame Thema zu finden und da auch dranbleiben. Ein folgenschwerer Fehler wäre hierbei, wenn man egoistisch die eigenen Interessen in den Mittelpunkt stellt. Also stets darauf achten, dass der Gesprächsstoff mein Gegenüber interessiert. Zur Fehlervermeidung gehört auch, dass man Wiederholungen umgeht. Hierbei ist es wichtig, dass man bereits im Vorfeld bestimmte Gesprächsthemen (bzw. Fragen) aussucht, und bei Bedarf diese einsetzt. Bei der Themenauswahl könnten einem jedoch auch Fehler unterlaufen – daher ist hierbei auch Vorsicht geboten.

Man sollte nie Themen ansprechen, die eine polarisierende Wirkung bergen. Hierbei könnte sich sehr leicht das anfänglich unverfängliche, leichte Gespräch in einem Streit münden, oder zumindest in eine unangenehme Richtung verlaufen. In einem Smalltalk wünscht man sich Konsens und eine angenehme, entspannte Atmosphäre: Daher sollten kontroverse Themen wie Religion, Politik, Geld nicht angeschnitten werden. Generell sollten negativ belastete Gesprächsstoffe unerwähnt bleiben (mehr dazu im Kapitel über „gute Smalltalk-Themen").

Es braucht Feingefühl und eine gute Beobachtungsgabe, um sofort zu erkennen, wenn jemandem das Thema unangenehm oder uninteressant wird. Auch wenn man selbst Interesse daran hätte, sollte man das Gespräch schleunigst in eine andere Richtung steuern. Erst wenn mein Gegenüber sich auch wohlfühlt, kann es sich entspannen und der Kommunikation öffnen.

Also ganz wichtig: Stets auf die Zeichen der Metakommunikation achten. Falls ein ursprünglich sympathischer und offen scheinender Gesprächspartner mit der Zeit sichtlich sein Interesse verliert, sollte man ihn nicht krampfhaft festhalten wollen. Man kann sich dann auch charmant fürs erste verabschieden und nach einem anderen „Probanden" Ausschau halten. Und stets daran denken: Übung macht den Meister.

Kapitel 5
Welche Kommunikationstypen gibt es?

Wie wir wissen, sind die Menschen in ihren Charakteristika recht unterschiedlich. Der Facettenreichtum der Persönlichkeiten bietet jedoch viel mehr als nur die grobe Einteilung in introvertierte oder extrovertierte Menschen. Demnach kann man auch verschiedene Kommunikationstypen unterscheiden. Welche wären diese?

Nun, am besten kristallisieren sich die Wesenszüge der Kommunikationspartner während des Gesprächs, insbesondere in einer Konfliktsituation aus. In solchen Fällen zeigt sich schneller der wahre Charakter der Beteiligten. Im Folgenden soll eine kurze Vorstellung einiger markanter Persönlichkeitstypen aufgezeigt werden:

Der kritische Typ: Ist jemand, der sich in allem irgendwas auszusetzen hat. Meistens gepaart mit dem in die Vordergrundstellung des Negativen ist er von einer eher pessimistischen Sichtweise gekennzeichnet. Als Arbeitskollege wäre er sicherlich nicht der Traumkandidat.

Der einfühlsame Typ: Kennzeichnend für diesen Charakter ist eine friedliebende Natur, die stets nach Harmonie und Konsens strebt. Konfliktsituationen werden von ihm so gut es geht gemieden, er ist stets höflich und geduldig im Umgang mit den Mitmenschen. Da dieser Typ aufgrund seines sanften Wesens auch ein guter Zuhörer ist, wird seine Gegenwart gerne angenommen. Im Arbeitsumfeld wäre er sicherlich ein hervorragender Mediator.

Der analytisch Denkende: Die Verkörperung des nüchternen, rational-logisch denkenden Menschen. Seine Analysen und folgerichtige Ableitungen sind klar formuliert. Im Freizeitbereich mag er etwas trocken wirken, aber in der Arbeitswelt sicherlich ein guter und geschätzter Vermittler von sachlichen Inhalten.

Der Besserwisser: Wie es sich nach der Bezeichnung schon vermuten lässt, ist ein Besserwisser ein Mensch, der die Gesprächspartner eher vertreibt als anzieht. Da er dazu neigt immer alles besser, also nach seiner Meinung richtig, zu wissen, wirkt so ein Typ arrogant – wenn diese Eigenschaft noch mit unterschwelliger Verachtung gegenüber den scheinbar „dümmeren" Mitmenschen gepaart wird (zum Beispiel auch in Form von Sarkasmus, Sticheleien), dann sollte es niemanden verwundern, dass die Gegenwart solcher Personen eher gemieden wird.

Der generalisierende Typ: Verfügt über eine gut ausgeprägte emotionale Intelligenz. Er erfasst leicht in Themen den ganzheitlichen Überblick. „Schwächeln" könnte er jedoch, wenn es ums Detailwissen geht, daher bleibt er lieber in der Sicherheit der allgemeinen Floskeln.

Der Eigenbrötler: Für den eigenbrötlerischen Typ ist das abweisende Verhalten charakteristisch. Menschen mit solchen Zügen vermeiden offensichtlich den Kontakt und das Gespräch - und zwar generell. Die Ursache für eine mangelnde soziale Kompetenz kann jedoch auf Unsicherheit und Schüchternheit beruhen.

Der Alleinunterhalter: Verfügt über ein inneres Streben nach Aufmerksamkeit. Er möchte gerne stets im Mittelpunkt einer Gruppe stehen und versteht es auch, aufgrund seiner Extrovertiertheit diese Position zu „erkämpfen". Er fühlt sich von der Größe einer Gruppe keinesfalls eingeschüchtert – Im Gegenteil! Je mehr Bewunderung und Aufmerksamkeit er kriegt, umso mehr glänzt er in seiner Bestform. Wenn seine „Selbstdarstellungskünste" wirklich unterhaltsam sind, kann er zu einer beliebten Figur in einer geselligen Runde werden. Wehe jedoch, wenn zwei solcher Typen in derselben Gruppe auftauchen! Dann könnte das kommunikative Miteinander in einem „Hahnenkampf" enden.

Zusammenfassend kann man jedoch sagen, dass die einzeln dargestellten Typen natürlich nicht immer in ihrer reinsten Form vorkommen. Meistens gibt es eine Mischung aus den verschiedenen Charakteristika. Außerdem könnte sich ein Mensch in seiner Wesenheit mit der Zeit ändern und sich dadurch von dem einen Kommunikationstyp in einen anderen verwandeln. Bei schüchternen Personen wäre es sogar sehr wünschenswert und ein Gewinn.

Kapitel 6
Körpersprache:
Die richtige Körperhaltung bei einer Unterhaltung

Kommunikation besteht nicht nur aus dem verbalen Akt, also aus der gesprochenen Sprache. Den nonverbalen Anteilen, also der Körsprache, kommt eine große Bedeutung bei der Informationsvermittlung zu. Schätzungen zufolge sendet der Mensch sogar überwiegend durch seine jeweilige Körsprache, deren Signale, mehr Botschaften an sein Gegenüber als durch die gesprochene Sprache.

Welche Elemente zählen nun zu der Körpersprache?

Die Vermittlung von Gefühlen, psychischen Befindlichkeiten findet auf der metakommunikativen Ebene statt. Die Gestik und Mimik eines Menschen verrät mehr von seinen innerseelischen Vorgängen als die Sprache selbst. Jedoch ist nicht nur die individuelle Befindlichkeit einer Person beim Gebrauch der jeweiligen Körsprache ausschlaggebend, sondern ebenso der kulturelle Hintergrund. Für den Verlauf einer erfolgreichen Konversation ist es also ganz wichtig auch auf die kulturspezifischen Merkmale von Gestik und Mimik zu achten.

Wir wollen uns aber in diesem Ratgeber auf den mitteleuropäischen Hintergrund beschränken. Auf welche Merkmale bzw. Regel der Körpersprache sollte man nun achten, um eine Unterhaltung erfolgreich gestalten zu können?

- Bitte auf eine angemessene körperliche Distanz zu dem Gesprächspartner achten. Hierzulande sollte man etwa 40 bis 60 cm räumliche Distanz einhalten - also etwa eine Armlänge. Ein Eindringen in diese sogenannte Intimzone gilt als Verletzung der Intimsphäre. Wenn sich der Gesprächsverlauf so entwickelt, dass die Situation eine Annäherung ermöglichen würde, (beispielsweise Demonstrierung von etwas) unbedingt den Konversationspartner um Erlaubnis fragen. Für eine gelungene

Unterhaltung kann der persönliche Zonenbereich (bis etwa 1,5 Meter) genutzt werden. Ab dieser Zone bis zu einer Entfernung von etwa 3 Metern fängt die öffentliche Zone an. Aus dieser Entfernung hat man die Möglichkeit den potenziellen Gesprächspartner „abzutasten" und im Vorfeld anhand der ausgesendeten Signale entscheiden, ob man mit ihm ein Smalltalk anfangen möchte.

- Die einfachste Zauberformel, die zum Thema Körpersprache gehört, ist natürlich das Lächeln. Ein freundliches, offenes, lächelndes Gesicht wirkt an sich schon anziehend und signalisiert die Bereitschaft zum sozialen Miteinander.

- Ist man dann schon im Gespräch, ist ein steter Blickkontakt wichtig, um das Interesse am Gegenüber zu vermitteln. Die Absicht zum Zuhören lässt sich mit gut platziertem Kopfnicken bekräftigen – Damit sieht unser Gesprächspartner, dass seine Erzählungen/Themen beim Zuhörer gut ankommen. Dies steigert die Lust an der

Kommunikation und löst eventuelle Blockaden im Erzählenden auf.

- Auf eine offene Körperhaltung achten. Arme – beim Sitzen die Beine – möglichst nicht verkreuzen. Diese Geste signalisiert Abwehr und Verschlossenheit.

- Absolutes No-Go: Handauflegen, insbesondere von Seiten eines Mannes, auf die Schulter einer Dame. Generell ist Anfassen ein Tabu.

- Möglichst auf eine ruhige Ausstrahlung achten. Nicht mit den Händen herumfuchteln oder mit Flaschenkorken spielen. Dies lenkt die Aufmerksamkeit vom Gespräch ab und signalisiert eher Desinteresse.

- Ebenso sind allzu heftige, weit ausholende Gestiken mit den Händen und Armen zu vermeiden. Diese könnten auf die Gesprächspartner abschreckend wirken.

- Beim Stehen auf eine lockere, unverkrampfte Körperhaltung achten.

- Für viele sind die Hände ein Problemfaktor, da sie nicht wissen, wohin damit? Ein guter Vorschlag wäre: Ein Glas in den Händen zu halten. Eine Hand mal in der Hosentasche verschwinden zu lassen ist sicherlich akzeptabel, aber bitte nie beide auf einmal.

- Wenn es im Rahmen einer Begrüßung oder Verabschiedung zum Händedrücken kommt, unbedingt auf die angemessene Druckstärke und Länge (ca. 2 bis 3 Sekunden) achten. Das Drücken sollte weder zu lasch noch zu kräftig sein. Dabei, von einem freundlichen Lächeln begleitet, in die Augen des Gegenübers schauen.

Kapitel 7
Gute Smalltalk-Themen

Um das Smalltalk erfolgreich gestalten zu dürfen, sollte man die Zeit nicht scheuen, sich darauf vorzubereiten. Dabei sollten die folgenden Fragen gestellt werden: Um was für einen Anlass handelt es sich? Geht es um eine berufliche Veranstaltung oder bin ich auf eine private Party eingeladen? Wie ist die soziale Gruppe des Umfeldes? Gehe ich auf ein seriöses Jubiläumsfest oder auf eine lockere Geburtstagsparty? Oder vielleicht ein Ausstellungsbesuch? Denn je nach dem Anlass ergeben sich verschiedene Kriterien bei der Vorbereitung. Die passende Kleidungsauswahl ist dabei ebenso ein wichtiger Punkt wie die Einstellung auf das jeweilige soziale Milieu und eine gute Allgemeinbildung.

Bei der Themenauswahl ist es wichtig die richtige Auswahl zu treffen. Ganz egal, wie gut sich ein Gespräch eröffnen lässt, wenn beim späteren Verlauf der passende Gesprächsstoff fehlt. Was sind nun die gewinnenden Themen? Auf jeden Fall sollte man sich auf leichte, unverfängliche Themen beschränken. Wichtig ist also, dass es Themen sind, bei denen jeder (unabhängig vom Bildungsstand) gut einsteigen und mitkommen kann. Es mag zwar abgedroschen klingen, aber so was Belangloses wie das Wetter bietet immer eine gute kommunikative Grundlage. Von hier aus könnte man auch das angenehme Thema Urlaub ansprechen, wie auch Freizeitaktivitäten. Interessiert sich mein Gegenüber zum Beispiel für Filme, Bücher oder Autos? Ein guter Smalltalker geht auf die Vorlieben des Gesprächspartners ein. Ist dann ein gemeinsamer Nenner gefunden, kann es auch ins Detail gehen.

Diese Themenkategorien eignen sich besonders gut für Smalltalk:

- Wetter
- Urlaub, Reise, Ausflüge
- Essen, kulinarische Themen
- Hobbys, Freizeitgestaltung
- Kino, Theater, Filme, Konzerte, Musik, Bücher
- Natur, Garten, Haustiere
- Unverbindliche aktuelle Tagesthemen
- Sportliche Aktivitäten

- Fragen nach der Familie auch möglich, jedoch nicht zu intim ins Detail gehen

Tabuthemen wie Religion, Politik, Geld oder Gesundheit sollten vermieden werden, ebenso das Beharren bei Desinteresse auf bestimmte Sportarten oder Vereine könnten die Harmonie gefährden. Immer beachten: Negative Themen nicht erwähnen! Die Auswahl an Themen ist reichlich gegeben, am besten tastet man sich jedoch durch Fragen an den Gesprächspartner heran. Außer der erwähnten Tabuthemen kann man eigentlich über alles reden. Durch die offenen Fragen finden sich schnell auch Gemeinsamkeiten; aber auf jeden Fall Gesprächsstoff, an dem das Gegenüber Interesse zeigt.

Der Ort der Begegnung, wie auch der jeweilige Anlass, sind gute Einstiegsthemen. Ebenso könnte die Anfahrt zu der Lokalität einen geeigneten Ausgangspunkt bieten. Mal gemeinsam ein bisschen über die schlechten Verbindungen, Unpünktlichkeit der Bahn etc. zu schimpfen, schafft auch Gemeinsamkeiten. Die Person des gemeinsamen Gastgebers ist auch ein guter Brückenbauer. Wenn es um ein Treffen im beruflichen Umfeld geht, können die Themen auch arbeitsbezogen sein – Die

Mittagspausen in der gemeinsamen Kantine bilden zum Beispiel einen guten Ausgangspunkt für weitere Themen (Kochen, Restaurants, Lieblingsmenüs, Reisen...)

Wie sollte ein Gespräch beendet werden?

Smalltalk muss nicht lang sein! Wenn man merkt das Gespräch kommt irgendwann ins Stocken, soll man es auf keinen Fall erzwungenermaßen am Laufen halten. Ein charmanter Abbruch ist jederzeit möglich. Je nach Situation kann man einen Vorwand finden, wie eine ermüdende Unterhaltung abgeschlossen werden kann: Zum Beispiel, indem man sich höflich fürs angenehme Gespräch bedankt und sich darauf beruft, ein Getränk zu holen.

Oder indem gesagt wird, man möchte eine kleine Runde machen, um die anderen Anwesenden oder die Umgebung kennenzulernen. Ebenso wirksam ist die Vorgabe eines Termins, in etwa so: „Entschuldigung, aber leider muss ich jetzt die schöne Unterhaltung abbrechen; ich habe noch einen Termin (oder was zu erledigen).“ Eine gute Lösung ist auch das Einbeziehen von einer dritten

Person und damit die Übergabe der Gesprächsführung.

Kapitel 8
Gesprächspause… Was nun?

Wer kennt die Situation nicht: Man ist gerade mittendrin in einer netten Unterhaltung und plötzlich entsteht eine peinliche Gesprächspause. Die Sekunden scheinen still zu stehen und vor lauter Verlegenheit weiß man erst recht nicht, wie man die Kommunikationslücke füllen könnte. Was ist nun in so einer misslichen Lage zu tun?

Als Erste-Hilfe-Maßnahme kann in so einer unangenehm empfundenen Situation das Einsetzen von Humor helfen. Überhaupt sollte ja ein Smalltalk von den „Tönen" der Leichtigkeit, Ungezwungenheit, Freiwilligkeit und Entspanntheit begleitet werden. Daher kommt eine lustige Bemerkung einem Augenzwinkern gleich und entspannt augenblicklich das zum Stillstand gekommene Interaktionsklima. Man könnte beispielsweise getrost direkt die eigene Befindlichkeit erwähnen und die Situation ehrlich mit einem Lächeln kommentieren: „Oje, jetzt haben wir es ja … uns fehlen die Worte …" Man sollte nicht scheuen, dass Thema der Peinlichkeit aufzugreifen und als Leitmotiv ins Gespräch einzubauen. Zum Beispiel in welchen Situationen man sich schon ähnlich peinlich fühlte, und das humorvoll vortragen. Lachen ist immer der beste Brückenschläger.

Eine andere gute Alternative zum Wiedereinstieg ist die Ablenkung. Hierbei ist eine gute Beobachtungsgabe gefordert. Gibt es im Umfeld was Erwähnenswertes, auf das man die Aufmerksamkeit fokussieren und ein neues Thema bieten könnte? Sitzt man im Café, könnte man über die Lokalität etwas erwähnen. Oder über die Einrichtung eine Bemerkung machen – das könnte weitergeführt werden in dem privaten Bereich; zum Beispiel welchen Einrichtungsstil unser Gegenüber gut findet, wie ist sein Geschmack etc.

Ein Lob an das Ambiente, die Frage, ob der Gesprächspartner ähnliche Lokale kennt oder dieses häufiger besucht, ist ebenso gut angebracht. Das Essen, das Angebot der Speisekarte, ist auch immer ein passendes Thema. Oder einfach nur eine Nachfrage, ob das Getränk oder das Menü dem Partner schmeckt? Generell alles, was die

Lokalität/Umfeld betrifft, kann als Themenlieferant dienen.

Ansonsten kann man auf all die schon erwähnten Themen zurückgreifen, die in den vorherigen Kapiteln als Standards erwähnt wurden: Wetter, Freizeit/Hobby, Anreise, Kultur, Sport, Musik, Wochenendbeschäftigungen.

Last but not least: Ein galant formuliertes Kompliment ist in jeder Lage ein charmanter Lückenfüller.

Kapitel 9
Jetzt geht's los! Den Einstieg finden

Nun kommen wir endlich zum praktischen Teil der Smalltalk-Anwendung. Anhand von drei sicherlich für jedermann bekannten Gesprächslagen werden im Folgenden einige nützliche Tipps gegeben. Fangen wir gleich mit dem Fallbeispiel des Bewerbungsgesprächs an.

Tipps für das Bewerbungsgespräch

Der erste Schritt in der Vorbereitung auf ein Vorstellungsgespräch ist das Informationssammeln über das jeweilige Unternehmen. Hierbei sollte man keine Mühe und Zeit scheuen, denn sie liefern wichtige Anhaltspunkte für den erfolgreichen Verlauf der Unterhaltung. Hierzu zählen allerlei Fakten zur Firma wie Gründungsjahr, Mitarbeiterzahl, Branchenbereiche, Unternehmensgeschichte. Doch auch das Lesen der Tageszeitung (heutzutage ist man durchs Internet schnell „up to date") und ein angemessenes

Allgemeinwissen geben einem das gute Gefühl von Sicherheit für ein gut verlaufendes Smalltalk.

Der Einstieg in das Gespräch wird in der Regel von dem Personaler erleichtert, indem dieser gleich den Interessenten nach seinen Bewerbungsgründen befragt oder auch gleich die Person auffordert über sich selbst was zu erzählen. Da der Kandidat über die Gründe der Bewerbung bereits im Vorfeld schon Gedanken gemacht hat, sollte die Antwort auf diese Eröffnungsfrage nicht weiter schwerfallen. Jedoch sollte man sich hier nicht in langen Monologen ergießen, sondern mit klaren Zügen den Grund des persönlichen Interesses für die Firma oder auch über sich selbst (Interessen, Hobbys, beruflicher Werdegang) erzählen. Also bitte hierbei nur das Wesentliche erwähnen.

In dieser ersten Vorstellungsphase ist Smalltalk auf jeden Fall angebracht, ebenso auch im Abschluss des Gesprächs. Die Frage nach der Anfahrt ist auch ein übliches Einführungsthema, um das Klima zu lockern. Sehr wichtig dabei, dass der Bewerber keine negativen Feststellungen diesbezüglich macht, auch wenn die Anreise wirklich etwas beschwerlich oder lang war. Ob Bahn oder Auto –

beide liefern Grundlagen für Gesprächsstoff - beispielsweise Vergleich der beiden in dem Kontext. Ist der Firmensitz sogar in einer anderen Stadt, bieten sich Fragen über diese an: Also nach interessanten Veranstaltungen, Sportereignisse, kulturellen Besonderheiten.

Das Umfeld des Unternehmens eignet sich hervorragend für lobende Worte. Hierbei sind auch gezielte Fragen nach der Firmengeschichte gut angebracht. Ebenso positiv kommt ein Lob in Bezug auf das freundlich eingerichtete Bürozimmer an. In diesem Zusammenhang ist auch das immer gut einsetzbare Thema des Wetters willkommen - ob die außergewöhnliche Wärme oder die Kälte des Jahres im Vergleich zum letzten; der Schnee, der Regen, der frühe oder späte Jahreszeiteinbruch: Einen Anknüpfungspunkt findet man immer.

Hängen Bilder an der Wand oder gibt es schöne Zimmerpflanzen, sind diese auch für ein Kompliment erwähnenswert. Vergessen wir nicht: Bei einem Bewerbungsgespräch möchten die potenziellen Arbeitgeber den Kandidaten auch, oder vor allem, von seiner zwischenmenschlichen Seite kennenlernen: Könnte er zu uns passen? Ist er freundlich, gesellig, kommunikativ und damit ein guter Teamplayer? Kennt er sich im aktuellen Tagesgeschehen aus? Bei einem Bewerbungsgespräch geht es letztendlich um ein beiderseitiges Kennenlernen. Auch der Bewerber hat hierbei die Möglichkeit durch seine gut vorbereiteten Fragen die Firma besser kennenlernen zu können. Schließlich möchte man sich in einem potenziellen Arbeitsumfeld auch wohl fühlen und daher die richtige Wahl treffen.

Falls dem Bewerber ein Getränk angeboten wird, sollte er es auf keinen Fall ablehnen, denn das könnte als unhöflich gedeutet werden.

Unerlässlich wichtig: Beim Verabschieden sich für das Gespräch bedanken, auf einen sicheren Händedruck achten (gilt auch bei der Begrüßung natürlich). Ebenso gewinnend kommt eine positive Bemerkung an, in dem gesagt wird: „Vielen Dank für das angenehme und interessante Gespräch, ich habe mich bei Ihnen sehr wohl gefühlt" oder „Das Klima in ihrem Unternehmen gefällt mir sehr gut".

Smalltalk bei Dating

Gerade vor dem ersten Dating mit der Traumfrau oder dem Traummann ist die Aufregung groß. Aber auch hier gilt die Regel, eine gute Vorbereitung auf die Situation baut in der Kommunikation Brücken auf und Hemmungen ab.
Wie generell in Smalltalk-Situationen ist auch hier das Finden von Gemeinsamkeiten sehr wichtig. Und zwar nicht nur aus Höflichkeit! Schließlich möchte man wirklich herausfinden, ob es zwischen zwei füreinander interessierenden Menschen mehr als nur Sympathie gibt.
Hier hilft nur eins: Gute Fragen stellen und gut zuhören können.

Für das erste Date eignet sich ein stimmungsvolles Lokal, Restaurant oder Café. Dies kann sogleich der Ausgangspunkt für die ersten Fragen sein, in etwa zum Beispiel so: „Hast du das Lokal leicht finden können?" oder „Kennst du dieses Lokal?". Anspielung auf die angenehme Atmosphäre der Lokalität und der Umgebung eignet sich ebenso hervorragend für einführende Worte. Wenn der Treffpunkt ein Theater, Kino oder eine Ausstellung ist, kann man selbstverständlich auf diese Bezug nehmen und das gemeinsam Erlebte zum Gesprächsthema machen. Diese bieten genügenden Gesprächsstoff, um miteinander warm zu werden.

Komplimente sind in einer Date-Situation immer willkommen auch als Gesprächseröffnung. Bezugnahme auf die geschmackvolle Kleidung oder die gutsitzende Frisur kommen immer gut an. Nun geht es aber darum durch gezielte Fragen gemeinsame Themen zu finden. Wichtig ist, dass die Fragen Antworten ermöglichen, die sich nicht nur auf „ja" oder „nein" beschränken. Denn eine ausgiebige Antwort eröffnet die Möglichkeit nach mehr Fragen, die wiederum mehr Gesprächsstoff beinhalten. Außerdem merkt man dann schnell, bei welchem Thema das Interesse des Gegenübers besonders geweckt wurde. Dann kann man natürlich das besagte Thema vertiefen. An dieser Stelle werden einige Fragen genannt, die man beim Dating sehr gut einsetzen kann:

- Was ist dein Lieblingsfilm?
- Welche Art von Filme schaust du dir gerne an?
- Was ist deine liebste Freizeitbeschäftigung?
- Hast du ein Haustier?

- Hast du ein Lieblingsbuch?

- Welche Musik hörst du gerne?

- Gehst du gerne spazieren?

- Welche Jahreszeit magst du am meisten?

- Was war dein Berufswunsch als Kind?

- Hattest du schon mal einen richtig fiesen Job?

- Hast du Geschwister?

- Hast du ein Traumreiseziel?

- Was ist dein Lieblingsessen oder Getränk?

- Kommst du aus dieser Stadt?

- Was war dein schönstes Geschenk?

Wenn eine kleine Gesprächspause entsteht, kann man diese dafür nutzen über sich selbst was zu erzählen – zum Beispiel einfach nur wie der Tag so war. Humor und Ehrlichkeit kommen immer gut an. So sehr man sein Gegenüber positiv beeindrucken möchte: Gerade beim Dating ist man ja daran interessiert einen Partner zu finden, der zu einem passen könnte. Daher lohnt es sich nicht, die eigenen Schwächen verstecken zu wollen oder gar den Charakter nach dem Wunschbild des Partners/der Partnerin umzugestalten. Eine Maske kann man

zwar eine Weile tragen, doch abends geht man ohne
sie ins Bett.

Vorstellung bei den Eltern des Partners/
der Partnerin

Für Viele sicherlich eine Horrorsituation. Das muss
jedoch nicht sein! Denn schließlich handelt es sich
um die nächsten Angehörige des eigenen Partners;
daher ist der Aufbau einer möglichst positiven
Beziehung für die „Schwiegereltern in spe" ein sehr
wichtiges Kriterium auch im Hinblick auf die
Partnerschaft.

Wie in jeder Smalltalk-Situation ist auch in diesem
Fall die gedankliche Vorbereitung auf das Treffen
empfehlenswert. Die beste Beraterin hierfür ist ja
der eigene Partner – wer, wenn nicht er kennt ja die
eigenen Eltern am besten. So kann man sich im
Vorfeld schon über die Eigenheiten, Vorlieben, also
generell über beliebte Themen und auch Tabus
erkundigen.

Themen, die immer gut ankommen und gerade in der Anfangsphase zur Gesprächseröffnung taugen, sind:

- Das Wetter ist, wie wir es bereits wissen, ein *evergreen*.

- Das Essen: Bei der ersten offiziellen Einladung zu den Eltern ist das gemeinsame Essen gewöhnlich mit inbegriffen. Die beste Gelegenheit die Kochkünste der Mutter zu loben. Auch wenn es „nur" Kaffee und Kuchen gibt, kann man das Aroma der Kaffeesorte oder den leckeren Kuchen schätzen. Weitere Themen anhand des Essens könnten Rezepte sein, oder die Lieblingsmenüs.

- Kompliment für die geschmackvolle Einrichtung kommt ebenso gut an.

- Die bekannten Tabu-Themen meiden.

- Nach Hobbys, Freizeitbeschäftigung fragen. Vielleicht ist der Vater ein geschickter Handwerker? Oder machen die beiden als Paar was zusammen? Mag der Vater vielleicht Fußball? Dann kann man auch bei dem Thema Sport verweilen.

- Frage nach dem letzten Urlaub und Urlaubsvorlieben.
- Als hervorragender Lückenfüller: Frage danach, wie der Partner/Partnerin als Kind gewesen war.
- Erwähnung der eigenen Familie (Geschwister, Bräuche).

Stets auf höfliche und freundliche Umgangsformen Acht geben. Dabei jedoch nicht übertreiben, sondern eine ehrliche Natürlichkeit bewahren. Beim ersten Treffen empfiehlt sich ein kleines Präsent mitzubringen. Blumen für die Dame des Hauses und ein edles Getränk für den Vater sind gute Standards. Bei der Auswahl kann ja im Vorfeld der Partner beratend wirken. Ein fester, selbstsicherer Händedruck, offenes Lächeln und aufmerksamer Blickkontakt sind selbstverständlich wie auch das pünktliche Erscheinen.

Das Bedanken für die nette Einladung und ein herzliches Verabschieden rundet das auf die Art gut überstandene Ereignis ab.

Kapitel 10
Zusammenfassung

Wie wir es bereits wissen, kann es eigentlich überall im Alltag passende Situationen geben, die das Üben im Smalltalk ermöglichen. Denn überall, wo Menschen einander begegnen, kann eine Unterhaltung initiiert werden. Nur um einige davon zu nennen: An den Bushaltestellen, während der Fahrt, auf Partys, Feier, Veranstaltungen, Stadtbummel, beim Spazierengehen (hierbei sind Hundehalter in Vorteil). Gerade die Ungezwungenheit der Atmosphäre erleichtert den Einstieg in ein Gespräch. Schließlich ist Smalltalk nicht von hierarchischen Strukturen gekennzeichnet, sondern es bietet eine Unterhaltung auf der demokratischen Ebene – dies gilt sogar für Situationen in beruflichen Bereichen. Vordergründig ist also das Wohlfühlgefühl und der Wille eine angenehme Zeit mit einem sympathischen Menschen zu verbringen. Wer weiß, welche wertvolle Kontakte sich aus einem spontanen ungezwungenen Geplauder entstehen können?

Und nun soll an der Stelle abschließend noch mal eine situationsübergreifende Zusammenfassung der generellen Grundregeln eines erfolgreichen Smalltalks erfolgen:

- Auf gepflegtes Äußere und höfliche Umgangsformen achten.
- Beim Smalltalk ist der Gesprächspartner der „König", also ihn ausreden lassen.
- Keine langen Monologe führen.
- Offene Fragen mit möglichst viel Antwortpotenzial stellen.
- Nach Gemeinsamkeiten suchen (Umfeld, Gastgeber, Wetter, Anreise sind gute Einstiegsthemen).
- Die bereits erwähnten Tabuthemen vermeiden.
- Interesse am Gespräch zeigen, das aktive Zuhören mit Gestik und Mimik, Augenkontakt signalisieren.
- Bei Gesprächsstillstand mit Ablenkungsthemen und Humor reagieren.
- Komplimente sind auch prima Lückenfüller und sorgen für gute Schwingungen.

So, liebe Leser! Hoffentlich konnte dieser kleine Ratgeber einen guten Überblick rund um das Thema Smalltalk verschaffen. Nachdem nun der theoretische Anteil verinnerlicht wurde, kann es in die Praxis übergehen: Denn nur durch die Übung in den echten Lebenssituationen lässt sich erst richtig die Kunst des „kleinen Schwätzchens" aneignen.
Viel Spaß und Erfolg dabei!

Haftungsausschluss

Der Inhalt dieses Buchs wurde mit großer Sorgfalt geprüft und erstellt. Der Autor übernimmt keinerlei Gewähr für die Aktualität, Korrektheit, Vollständigkeit oder Qualität der bereitgestellten Informationen und weiteren Informationen.

Es wird keine juristische Verantwortung oder Haftung für Schäden übernommen, die durch kontraproduktive Ausübung oder durch Fehler des Lesers entstehen. Es kann auch keine Garantie für Erfolg übernommen werden. Der Inhalt sollte nicht mit medizinischer Hilfe verwechselt werden. Der Autor übernimmt daher keine Verantwortung für das Nicht-Erreichen der im Buch beschriebenen Ziele.

Dieses Buch enthält Links zu anderen Webseiten. Auf den Inhalt dieser Webseiten haben wir keinen Einfluss. Deshalb kann auf den dortigen Inhalt auch keinerlei Gewähr übernommen werden. Die verlinkten Seiten wurden zum Zeitpunkt der Verlinkung auf mögliche Rechtsverstöße überprüft.

Rechtswidrige Inhalte konnten zum Zeitpunkt der Verlinkung nicht festgestellt werden. Für die Inhalte der verlinkten Seiten ist ausschließlich der jeweilige Anbieter oder Betreiber der Seiten verantwortlich.

Das **Copyright** für veröffentlichte, vom Autor selbst erstellte Bilder, Grafiken, Tondokumente, Videosequenzen und Texte bleibt **allein beim Autor** des Buchs.

Eine Vervielfältigung oder Verwendung der Bilder, Grafiken, Tondokumente, Videosequenzen und Texte in anderen elektronischen oder gedruckten Publikationen ist ohne ausdrückliche Zustimmung des Autors nicht gestattet.

Der Autor behält es sich ausdrücklich vor, Teile der Seiten oder das gesamte Angebot ohne gesonderte Ankündigung zu verändern, zu ergänzen, zu löschen oder die Veröffentlichung zeitweise oder endgültig einzustellen.

Impressum

Veröffentlicht durch

Marco Reuter

Vinnhorster Weg 81

30419 Hannover

E-Mail: marco.reuter92@gmail.com

ISBN-13: 978-1981327775
ISBN-10: 1981327770